M. PRABONNEAUD

Une Leçon de Cuisine

COMÉDIE EN UN ACTE

POUR DIX JEUNES FILLES

PARIS. — Ier

P.-V. STOCK, ÉDITEUR

(Ancienne Librairie TRESSE & STOCK)

155, RUE SAINT-HONORÉ, (PRÈS *la Civette*)

En face du Théâtre-Français

1905

UNE LEÇON DE CUISINE

COMÉDIE EN UN ACTE

M. PRABONNEAUD

Une Leçon de Cuisine

COMÉDIE EN UN ACTE

POUR DIX JEUNES FILLES

P.-V. STOCK, ÉDITEUR
(Ancienne Librairie **TRESSE & STOCK**)
155, RUE SAINT-HONORÉ, (près *la Civette*)
DEVANT LE THÉATRE-FRANÇAIS
PARIS. — Ier
1905

UNE

LEÇON DE CUISINE

La scène représente l'intérieur d'un bouillon parisien : au fond, une table supporte des marmites qui sont censé posées sur un fourneau, à droite et à gauche du fourneau, des bouteilles, des pots, des boîtes à épices, bocaux, casseroles. A droite du spectateur, un peu sur le devant, porte ouvrant sur la rue et donnant accès dans le — bouillon. — En face, à gauche, porte donnant dans l'appartenant de mademoiselle Victoire. Au milieu, un peu sur le devant, table chargée de légumes et de provisions de toutes sortes. Chaises pour les clients. Un cartel.

Au-dessus du fourneau, un grand écriteau sur lequel on lit:

CUISINE BOURGEOISE

Tenue par Mademoiselle Victoire.

BOUILLON, RAGOUT, ROTI.

On sert à la portion.

SCÈNE PREMIÈRE

MADEMOISELLE VICTOIRE, elle inspecte le fourneau,
ouvre et referme les marmites, puis vient sur le devant de
là scène.

Mon fourneau est allumé, mon bouillon cuit, tout va bien!... (Elle s'essuie le front avec son mouchoir.) Je n'ai pas encore eu le temps de souffler depuis mon retour des halles!... mais maintenant tout est en train... je puis enfin songer un peu à mon bonheur!... Quand je pense qu'aujourd'hui va être l'un des plus beaux jours de ma vie!!... Oui!!... le plus beau!! car, ce soir, en revenant de chez le notaire où j'irai payer les douze cents francs prix de mon établissement, je pourrai me dire (Avec un grand geste enveloppant.) ici! tout est à moi!!... (Montrant tout autour d'elle.) Ces marmites!!... ces casseroles!!... ces fourneaux!! tout en un mot! tout!... sera devenu ma propriété!!... (Avec une grande joie.) Je serai propriétaire!... ce que je ne pouvais pas dire, tant que je n'avais pas payé!...

Ah!... c'est que douze cents francs à économiser en deux ans! ce n'était pas une petite affaire!... Mes deux devancières s'y étaient ruinées! mangées! endettées jusqu'au cou!... et j'avais peu de chance pour faire mieux!... (s'asseyant.) Heureusement que je n'était pas une sotte!... j'ai eu une idée géniale!... une idée lumineuse!... une idée enfin qui m'a sauvée!!... qui m'a permis de tirer le lard du pot!!... Dame!... Oui!... c'est comme ça!!... Mam'zelle Victoire n'est pas une bête... et elle l'a prouvé!! (On entend le timbre de la porte d'entrée.) Mais qui donc vient si matin?...

(Elle se lève et va du côté de la porte.) C'est madame Piquelet la concierge d'à côté, ma bonne voisine !

SCÈNE II

MADEMOISELLE VICTOIRE, MADAME PIQUELET, son balai à la main.

MADAME PIQUELET.

Bonjour, mam'zelle Victoire !... comment ça va, ce
matin ?...

MADEMOISELLE VICTOIRE.

Fort bien !... Et vous, madame Piquelet ?

MADAME PIQUELET.

Tout doucement !... tout doucement !... Ma sciati-
que me fatigue toujours et mes jambes refusent un
peu le service... à part ça !... ça ne va pas trop mal !...
Mais donnez-moi donc des nouvelles de votre petit
marmiton Joseph !...

MADEMOISELLE VICTOIRE.

Le pauvre gamin !... il est encore à peine convales-
cent !... Un si bon petit aide que j'avais là ! !... tandis
que Oscar, celui que j'ai dû prendre pour le remplacer...

MADAME PIQUELET.

Eh bien ! Oscar !...

MADEMOISELLE VICTOIRE.

Il est parti !...

MADAME PIQUELET.

Parti !... l'avez-vous donc renvoyé ?... il devait bien
mal faire votre affaire !...

MADEMOISELLE VICTOIRE.

Ne m'en parlez pas ! !... un *feignant ! !*... pourtant,
en attendant le retour de Joseph ! j'aurais patienté ! je
l'aurais gardé !... mais !... c'est toute une histoire !...
(Lui présentant une chaise.) Asseyez-vous, je vas vous
conter ça.

MADAME PIQUELET, prenant son balai et s'asseyant.

Je n'ai guère le temps !... pourtant mon mari est à
la loge, je puis attendre quelques minutes.

Elles s'asseyent.

MADEMOISELLE VICTOIRE.

Vous ne savez pas, madame Piquelet, quelle joie
va être la mienne aujourd'hui ?... C'est ce soir que je
vais porter les douze cents francs au notaire pour
prix de mon établissement et que je deviens propriétaire de tout ce qui nous entoure, (Avec un grand geste.)
de tout !...

MADAME PIQUELET.

Quoi !... il y a déjà deux ans que vous avez acheté
ce fonds, mademoiselle Victoire !... J'aurais cru que
c'était d'hier !... Et vous avez pu mettre de côté douze
cents francs en deux ans ?... faut que vous gagniez
pas mal, tout de même ?...

MADEMOISELLE VICTOIRE.

Les bénéfices ne sont pas gros et je n'y serais, sans
doute, jamais parvenue sans... cette idée que j'ai
eue ! !... de donner des leçons de cuisine aux jeunes
ouvrières de ce quartier !

MADAME PIQUELET.

Eh ! Eh !... ça n'était pas mal imaginé !...

MADEMOISELLE VICTOIRE, se levant.

Je le crois bien !... j'en avais toujours quatre ! cinq,

six ! !... à dix sous le cachet, ça faisait une petite
somme que je mettais de côté... Elles ne restaient pas
longtemps ! mais quand les unes partaient, il en ve-
nait d'autres ! !... Je leur apprenais à faire de bonnes
soupes aux choux ! ! des ragoûts exquis ! des grilla-
des merveilleuses ! et... ça se disait ! !... aussi les élèves ne m'ont jamais manqué... C'est ainsi que j'ai su
me tirer d'affaire !... En ce moment, j'en ai quatre
qui sont de vrais amours ?... c'est leste !... c'est dé-
gourdi !... c'est intelligent !... il y a plaisir à leur apprendre !...

MADAME PIQUELET.

Mais... Oscar !... comment donc qu'il est parti ?...

MADEMOISELLE VICTOIRE.

Ah ! c'est vrai !... Oscar !... revenons-y !... Eh bien
donc ! hier au soir, j'étais là, (Elle montre la porte de sa
chambre.) dans ma chambre, en train de compter mon
argent et de le tenir tout prêt pour aujourd'hui,
quand Oscar et son ami, le grand Victor !... vous savez bien !... ce grand pendard qui accompagne Oscar
partout !...

MADAME PIQUELET.

Oui !... celui qui habite rue des Etuves, un gaillard
qui ne me revient pas du tout ! !... Oh ! mais !... pas
du tout ! !

MADEMOISELLE VICTOIRE.

Ni à moi non plus !... Madame Piquelet... Enfin ! ils
entrent et le grand Victor me dit : Mam'zelle, mon
ami vient vous prévenir que son père est bien mal,
il est à la mort et il demande à voir son fils avant de
mourir. Oscar est donc obligé de partir cette nuit,
car il n'y a pas de train avant. Mais vous n'aurez pas
besoin de vous déranger, il ne fera aucun bruit et il

1.

reviendra le plus tôt possible !... Vous comprenez !
son père se meurt ! je ne pouvais pas dire non ! !...
Du reste, je ne l'ai point entendu partir cette nuit...
Ce matin je me suis levée avant le jour, j'ai été aux
halles et il y a un moment que je suis de retour...
mais me voilà sans marmiton !... obligée de faire,
toute seule, ma besogne !...

MADAME PIQUELET, se levant et reprenant son balai.

Bast !... laissez-le donc partir, cet Oscar !... vous
ne perdez pas grand'chose !... En attendant votre petit Joseph reviendra...

MADEMOISELLE VICTOIRE.

Et en attendant aussi !... (Elle fait un grand geste.)
Tout cela va être à moi !... Cette pensée-là, madame
Piquelet, me fait oublier tous mes autres ennuis !...
Et dire que c'est grâce à mes chères petites élèves !...
Les bonnes filles !... aussi. (Elle se rapproche de madame
Piquelet.) Je vais leur montrer aujourd'hui à faire un
plat délicieux et difficile.

MADAME PIQUELET, d'un air gourmand.

Quoi donc ?...

MADEMOISELLE VICTOIRE, en confidence.

Des tripes à la mode de Caen !...

MADAME PIQUELET.

Des tripes !... (Se léchant le bout des doigts.) Je me
sauve ! mais à dix heures, je viendrai en chercher...
C'est si bon ! ! Au revoir !...

MADEMOISELLE VICTOIRE.

Oui !... au revoir ! je vais tout préparer pour rece-
voir mes élèves...

Madame Piquelet sort.

SCÈNE III

MADEMOISELLE VICTOIRE, seule.

Oui! tenons tout prêt pour l'arrivée de ces chères petites!... (Elle va à la table.) Voilà les tripes, et voilà tout ce qu'il me faut pour mettre dedans!... Quel jour heureux!... ce sera parfumé au thym, à l'ail!... quelle joie ce soir!!... c'est que ma clientèle l'aime l'ail!... Dame! ce ne sont pas des princes!!... Mes douze cents francs sont tout prêts!... avec des épices, du vin blanc... du gingembre... et je serai propriétaire!... Puis, un peu de lard, ce sera parfait!... Moi qui aime tant mon métier!!... moi qui aime tant la cuisine!!... (Se redressant) C'est que la cuisine! C'est presque un art!... Savoir combiner des ragoûts!... des potages! des coulis!... c'est plus qu'un métier cela!... aussi la *cuisine bourgeoise* de mademoiselle Victoire est très connue dans ce quartier!... (Avec exultation.) Et dire que ce soir! cette *cuisine bourgeoise* sera à moi!... bien à moi!... Ah! il y a de quoi en perdre la tête de bonheur!! (On entend le timbre de la porte, mademoiselle Victoire regardant.) Oh! ce sont ces chères enfants!... (Allant au devant d'elles.) Bonjour, mes petites!... entrez, entrez!...

SCÈNE IV

MADEMOISELLE VICTOIRE, JEANNE, ROSE, BERTHE, ANNA.

LES JEUNES FILLES, entrant.

Bien le bonjour, mademoiselle Victoire.

MADEMOISELLE VICTOIRE.

Toujours exactes, mes petites, toujours à l'heure !... c'est très bien !... Posez vos chapeaux et approchez-vous.

> Les jeunes filles se décoiffent et posent leurs chapeaux sur un meuble, ou sur une chaise.

LES JEUNES FILLES.

Qu'allons-nous apprendre aujourd'hui, mademoiselle Victoire ?...

JEANNE.

Quelque chose de bon sans doute ?

MADEMOISELLE VICTOIRE, d'un ton déclamatoire.

Un plat exquis ! un plat délicieux ! un plat, enfin.. qui a fait ma renommée dans ce quartier et pour lequel je n'ai pas de rivales !

TOUTES, l'entourant.

Et... ce plat ? c'est ?...

MADEMOISELLE VICTOIRE, d'un ton solennel.

Des tripes à la mode de Caen ! !

TOUTES, croisant les mains.

Des tripes !...

ROSE, d'un air gourmand.

Des tripes !... l'on assure que c'est si bon !...

BERTHE, avec conviction.

Je vous crois !... j'en ai mangé à la noce de mon cousin Guillaume ! (A ses camarades.) Vous savez bien ! le petit cordonnier bossu qui a épousé une couturière boiteuse !... ils avaient, l'un et l'autre, des économies !... aussi ça été une noce *chic*... Dame ! rien n'y manquait !... Des huîtres !... du vin blanc !... des sauces ! des rôtis et, au dessert !... de la limonade à volonté... Après la soupe !... une fine soupe aux petits pois, l'on nous donna des tripes, et c'était si bon que chacun y est revenu, au moins, deux ou trois fois !...

MADEMOISELLE VICTOIRE.

Ça ne m'étonne pas !... surtout si elles étaient bien préparées !...

ROSE.

Je n'en ai jamais goûté. Mais j'ai beaucoup entendu vanter ce plat-là !...

MADEMOISELLE VICTOIRE.

Eh bien, ma petite !... Dès que les nôtres seront cuites, vous en aurez l'étrenne et... je ne vous dis que ça ?...

ROSE.

J'en ai déjà l'eau à la bouche ?... Commençons vite, mademoiselle Victoire...

JEANNE, riant.

Voyez-vous, cette gourmande-là !

Toutes rient.

MADEMOISELLE VICTOIRE.

Approchez-vous et regardez comme je vais faire.

Toutes s'approchent de la table sur le devant.

MADEMOISELLE VICTOIRE, prend une marmite et met les tripes dedans.

Je prends ces tripes et je les mets dans la marmite. Puis je vais les couvrir de vin blanc, j'y joindrai : du lard, des oignons, un bouquet garni, du sel, du poivre, des épices, un petit soupçon d'ail et enfin... (s'interrompant.) Mais avant, allumons le fourneau pour mettre, tout de suite, la marmite sur le feu.

TOUTES, s'empressant.

C'est cela !.. Allumons, d'abord, le fourneau.

MADEMOISELLE VICTOIRE, s'approchant du fourneau et ayant l'air de chercher.

Mais je ne vois pas les allumettes !... où donc sont-elles?... elles n'y sont pas !... Attendez, j'en ai dans ma chambre, j'en rapporte à l'instant.

Elle va vers sa chambre en courant.

SCÈNE V

Les Mêmes, moins MADEMOISELLE VICTOIRE.

BERTHE.

Il faut avouer que mademoiselle Victoire est un fier cordon bleu.

ROSE.

Et qu'elle sait à merveille nous enseigner.

On entend un grand cri dans la chambre de mademoiselle Victoire.

ANNA.

Qu'est-ce que ce cri?...

JEANNE.

Mais c'est elle !... mademoiselle Victoire !...

SCÈNE VI

LES MÊMES, MADEMOISELLE VICTOIRE, pâle et défaite.

Je suis morte !... je suis tuée !... je suis assassinée !
(Secouant les bras.) Au secours ! au secours !...

TOUTES, se précipitent vers elle.

Qu'avez-vous ?... qu'avez-vous ?...

MADEMOISELLE VICTOIRE, criant toujours.

C'est un crime !... c'est une infamie !... on m'arrache l'âme !... au secours ! au secours ! !...

TOUTES, se regardant.

Elle devient folle !

MADEMOISELLE VICTOIRE, se laissant tomber sur une chaise.

Volée ! ! volée !... je suis volée ! !...

TOUTES, avec surprise.

On l'a volée ?...

MADEMOISELLE VICTOIRE, jetant sa tête en arrière.

Ah !... Ah !... Je sens que je me trouve mal ! !

ROSE, à ses compagnes.

Elle perd connaissance !... Mon Dieu ! que faut-il faire ?...

ANNA.

Vite !... de l'eau !...

BERTHE.

Du vinaigre ?

JEANNE.

Quelque chose à lui faire respirer !...

ROSE, portant une bouteille.

Voilà du vinaigre !...

Elle en répand sur une serviette et frotte la figure de mademoiselle Victoire.

ANNA, apportant un pot de moutarde.

De la moutarde ! !... Il faut lui en mettre sous le nez.

JEANNE.

Plutôt du poivre !... ce sera plus fort.

Elles lui barbouillent la figure de moutarde et de poivre.

MADEMOISELLE VICTOIRE, éternuant.

Apchum ! ! apchum ! ! apchum ! !

ROSE.

Ah !... elle revient !...

BERTHE.

La voilà qui r'ouvre les yeux.

MADEMOISELLE VICTOIRE, parlant difficilement.

Mes... enfants !... mes petites !... je suis... volée !...

TOUTES.

Mais qui donc vous a volée ?...

MADEMOISELLE VICTOIRE.

Qui !... est-ce que je sais !... (Se relevant avec violence.) Ah ! je devine !... c'est ce gredin ! c'est ce coquin !... c'est cette canaille d'Oscar ! ! Il n'est pas parti cette

nuit !... et il a profité du moment où j'étais aux halles pour... (Entrant dans une rage folle.) Où est-il ! que
je l'étrangle ! !...

TOUTES, l'entourant.

Calmez-vous !... Calmez-vous !...

MADEMOISELLE VICTOIRE, de plus en plus furieuse.

Que je me calme ! mais vous ne comprenez donc
pas qu'il m'a tuée !... qu'il m'a ruinée !... Oui ! ruinée ! !.. ces marmites ! ces casseroles ! ces fourneaux !..
tout cela allait être à moi !... et je n'ai plus rien !
rien ! (Elle saisit un couteau sur la table.) Ah ! un couteau ! que j'aille l'éventrer !...

JEANNE, lui retirant le couteau des mains.

Voyons, mademoiselle Victoire, soyez raisonna-
ble !... remettez-vous et, après !...

ANNA.

Et après !... il n'y a qu'à aller chez le commissaire
de police !...

TOUTES.

C'est ça !... c'est ça !... chez le commissaire !...

MADEMOISELLE VICTOIRE, se calmant un peu.

Vous avez raison !... chez le commissaire !... j'y
cours à l'instant !... Mais qui gardera ma maison,
qui servira mes pratiques ?

TOUTES.

Nous !.. nous !...

ROSE.

N'ayez aucune crainte, mademoiselle Victoire,
nous vous remplacerons. Courez faire arrêter votre
voleur

MADEMOISELLE VICTOIRE.

Ah ! mes enfants! vous me sauvez ! vous me ren-
dez mon courage!... J'y vais, je pars!... A tout à
l'heure !

Elle sort en courant.

SCÈNE VII

LES MÊMES, moins MADEMOISELLE VICTOIRE.

BERTHE.

Pauvre mademoiselle Victoire!... on l'a volée !
pourvu qu'elle retrouve son argent.

JEANNE, branlant la tête.

Ça n'est pas sûr !... Enfin, pendant son absence,
tâchons de la remplacer du mieux que nous pour-
rons.

TOUTES.

C'est cela !...

ANNA.

Pour commencer, nous allons essayer de faire cuire
ces tripes à la mode de Caen... qu'en dites-vous?..

LES AUTRES JEUNES FILLES.

Nous voulons bien.

ROSE.

Vous rappelez-vous comment mademoiselle Victoire nous a dit de procéder.

LES TROIS AUTRES JEUNES FILLES.

Très peu! Cependant en cherchant!...

BERTHE, arrêtant ses compagnes qui viennent entourer la
table.

Attendez !.. nous passons à l'état de véritables ai-
des de cuisine et pour cela il nous manque... il me
semble... le costume.

ANNA.

Que veux-tu dire?...

BERTHE.

Tu vas le voir.. Attendez une minute, je reviens..
Elle s'élance vers la chambre de mademoiselle Victoire.

JEANNE.

Quelle est l'idée qui a passé par la tête de Berthe?...

LES AUTRES JEUNES FILLES, regardant du côté de la
chambre.

Nous allons le savoir.

BERTHE, revenant, et rapportant quatre bonnets de marmiton et quatre tabliers de cuisine.

Voilà le costume de notre emploi !... que chacune
endosse le sien.

Elle se coiffe et ceint l'un des tabliers de cuisine. Toutes
les autres en font autant et se regardent en riant.

JEANNE.

Nous sommes très bien ainsi !... vrai, Berthe, tu as
eu une excellente idée. Nous ressemblons au tas de
marmitons que l'on voit dans les grands bouillons...
et c'est joli ! !...

ROSE.

N'est-ce pas ?... Mais mettez donc la bonnette un
peu plus sur l'oreille, cela donne un air crâne... et
cela est bien mieux !...

ANNA.

Ainsi ?...

ROSE.

Oui ! tu y es !... à la bonne heure !... nous voilà
transformées en vrais marmitons.

BERTHE, regardant au cartel.

Mais dix heures approchent, les clients ne vont
pas tarder à venir faire tremper leur soupe, il fau-
drait s'assurer si ce bouillon est cuit.

JEANNE.

Berthe a raison, je vais le goûter, vous, tâchez de
vous souvenir de ce qu'a dit cette pauvre mademoiselle Victoire pour la confection de ces tripes à la
mo.le de Caen.

ROSE.

Je crois me rappeler un peu. (s'approchant de la table pendant que Jeanne va au fourneau et goûte le bouillon.)
Voyons ! voici la marmite, les tripes sont dedans
alors elle a dit : nous les couvrirons de vin blanc !
Anna, donne-moi une bouteille de vin blanc !

ANNA, lui apporte la bouteille.

La voilà !...

ROSE, versant le vin.

Bien !... Puis elle a dit : nous y joindrons du lard,
des oignons, un bouquet garni, du sel, du poivre des
épices et enfin pour terminer un petit soupçon d'ail...
Est-ce cela !...

ANNA, s'approchant.

C'est cela ! Rose a retrouvé la formule... dépê-
chons et mettons vite au feu. (se retournant vers Jeanne
qui goûte le bouillon.) Eh bien, Jeanne, et ce bouillon ?...

JEANNE.

Pas mauvais ! pourtant un peu de poivre ne ferait pas mal.

BERTHE.

Mettez plutôt des épices ! ce sera plus relevé !...

ROSE.

Mettons du poivre et des épices, ça ne peut rien gâter.

On entend le timbre de la porte.

ANNA.

Déjà des clients !...

JEANNE, regardant.

Non ! c'est madame Piquelet la concierge de l'hôtel voisin.

SCÈNE VIII

LES MÊMES, MADAME PIQUELET.

MADAME PIQUELET.

Bonjour, mes petites !... vous voilà drôlement coiffées !... On dirait un bataillon de gentils marmitons, ma foi !... Mais... (Regardant à droite et à gauche.) Où donc est mademoiselle Victoire ?...

TOUTES LES JEUNES FILLES, entourant la concierge.

Où elle est !... Vous ne savez donc pas ?...

MADAME PIQUELET.

Que voulez-vous dire ?... Lui est-il arrivé un accident,... un malheur !...

TOUTES, prenant un air navré.

Oui ! un vrai malheur !...

MADAME PIQUELET.

Mais, quoi donc ?...

TOUTES.

On l'a volée !...

MADAME PIQUELET.

Volée !... Volée !... Mais qui l'a volée !... que lui a-t-on volé ?...

JEANNE.

De l'argent qu'elle avait. (Montrant la chambre.) Là, dans un tiroir, dans sa chambre.

MADAME PIQUELET, s'écriant.

Ses douze cents francs ! ! !... Oh Dieu du ciel !... Ses douze cents francs ! ! !... (Se frappant le front.) Mes petites, je parierais que son voleur c'est son marmiton Oscar !...

TOUTES.

Oui, c'est Oscar !... Madame Piquelet ! c'est Oscar ! que mademoiselle Victoire a accusé.

MADAME PIQUELET.

Oh ! le gueux !... oh ! le misérable !... Il avait bien la figure d'un voleur !... (D'un ton apitoyé.) Mais elle ! cette pauvre Victoire, où est-elle ?...

TOUTES.

Elle court après son voleur !...

MADAME PIQUELET, se laissant tomber sur une chaise.

Oh ! mes petites !... Ce que vous me dites là me donne une émotion ! !... Je suis capable d'en avoir la jaunisse !... vrai !... Je sens la bile qui me monte au cerveau !... pauvre Victoire !...

ANNA.

Nous lui avons conseillé d'aller à la police et, pendant qu'elle court après son argent, nous la remplaçons ici.

JEANNE.

Nous mettons à profit ses leçons de cuisine.

MADAME PIQUELET, d'un ton larmoyant.

C'est bien, mes enfants !... le bon Dieu vous bé-
nira.

On entend le timbre de la porte.

ROSE.

Cette fois, voilà bien les clients qui viennent faire
tremper leur soupe.

SCÈNE IX

LES MÊMES, plus UNE BONNE, qui entre sa soupière
à la main ; puis UNE VIEILLE FEMME, puis UNE
MÉNAGÈRE, puis UNE PETITE OUVRIÈRE
Chacune porte un pot, une petite marmite.

LA BONNE, qui entre la première.

Bonjour, messieurs ! (se reprenant.) Non ! mesdames !
(A part.) Nous ne sommes pourtant pas en carnaval.

LA VIEILLE FEMME.

Bonjour, jolis marmitons !...

LA MÉNAGÈRE.

Bonjour, cuisinières.

LA PETITE OUVRIÈRE.

Mais où donc qu'elle est mam'zelle Victoire ?...

MADAME PIQUELET, se levant, aux clients.

Elle a été volée !... indignement volée et elle court après son voleur !

TOUTES LES NOUVELLES VENUES.

Elle été volée ! !...

MADAME PIQUELET.

Oui !... par son marmiton, par Oscar !...

LA VIEILLE FEMME.

Ça ne m'étonne pas, cet Oscar avait la figure d'nn coquin !...

LA MÉNAGÈRE.

Et alors ces demoiselles ?...

LES QUATRE JEUNES FILLES.

Nous remplaçons mademoiselle Victoire.

LA BONNE.

C'est donc pour ça qu'elles ont pris des bonnets de marmitons !... je comprends maintenant.

LA PETITE OUVRIÈRE.

A savoir si mademoiselle Victoire rattrapera son argent et son voleur !

TOUTES.

Ça n'est pas sûr.

LA VIEILLE FEMME.

Et... on lui a volé une grosse somme ?

MADAME PIQUELET.

Douze cents francs !

TOUTES, levant les bras au ciel.

Douze cents francs ! !...

MADAME PIQUELET.

Des économies de deux ans, destinées à payer son

commerce pour lequel elle avait obtenu du temps. Aussi jugez de sa joie, ce matin, lorsqu'elle me disait : « Ces douze cents francs, madame Piquelet, je les ai là, dans mon tiroir !... j'ai eu bien du mal à les amasser, mais enfin, je les tiens, et ce soir, sans plus tarder, je les porte chez le notaire. »

LA VIEILLE FEMME.

Oui! elle se voyait déjà propriétaire ?

LA MÉNAGÈRE.

On fait comme ça des châteaux en Espagne, et puis, tout à coup...

L'OUVRIÈRE.

Je connais ça !.. J'ai un oncle qui était charretier chez un marchand de farine. Pendant trois ans il mettait de côté, pour avoir, à lui, le cheval et la charrette et se mettre à faire les courses à son compte, vous comprenez !... il aurait gagné gros ! tandis que chez son marchand de farine, il n'avait que le prix de sa journée. Mais voilà qu'un soir, ou plutôt une nuit, il portait sa fortune dans un portefeuille qu'il avait dans la poche de son gilet. (Grossissant sa voix.) Trois billets de banque !... trois cents francs ! ! ça n'était pas une petite somme. Mais voilà qu'il s'arrête pris d'un petit besoin. Et quand il rentre chez lui, plus de portefeuille ! plus d'argent ! !...

TOUTES, apitoyées.

Le pauvre homme !...

MADAME PIQUELET.

Il avait perdu ses trois cents francs !...

L'OUVRIÈRE.

Et il ne les a pas retrouvés, je vous assure !...

LA VIEILLE FEMME.

Retrouve-t-on jamais l'argent perdu ! !...

LES JEUNES FILLES, à l'ouvrière.

Alors qu'est-il devenu votre oncle ?...

L'OUVRIÈRE.

Ce qu'il est devenu ! !... Oh ! je vous le donne en cent et en mille... et vous ne devinerez pas !... Ce qu'il est devenu !... Oh ! l'on a bien raison de dire : qu'un malheur peut, parfois, amener un bonheur.

ROSE.

Ça lui a donc réussi, d'avoir perdu ses trois cents francs !...

L'OUVRIÈRE.

Certes ! que ça lui a réussi !... Il ne les a pas retrouvés ces trois cents francs-là, mais il en a retrouvé d'autres. Il faut avouer qu'il y a des gens qui ont de la chance tout de même.

TOUTES, entourant l'ouvrière.

Que lui est-il donc arrivé ?...

L'OUVRIÈRE.

Une aventure surprenante. Pendant qu'il se désolait, cherchant toujours son argent et n'ayant plus le courage de se remettre au travail, il rencontre un vieux monsieur qui lui demande ce qui le met si fort en peine, mon oncle lui conte la chose et il se remet à pleurer. Le monsieur lui dit alors : comment vous nommez-vous et chez qui servez-vous !... Mon oncle lui donne son nom et celui de son patron, puis il n'y pense plus. Mais voilà que deux jours plus tard, le vieux monsieur revient le trouver et lui offre de lui faire les avances nécessaires pour acheter un cheval et une charrette.

TOUTES.

Quelle veine!...

L'OUVRIÈRE.

Jugez si mon oncle accepta, et s'il a, depuis, gagné de l'argent!!!... Ce vieux monsieur était, paraît-il, un fil, filant... fil...

ANNA, se rengorgeant.

Un philanthrope!... ce qui veut dire un ami des pauvres... je connais ça!...

L'OUVRIÈRE.

Justement! c'est ce que vous dites!...

MADAME PIQUELET.

Y a-t-il des gens qui ont de la chance tout de même?... Oh! s'il pouvait en arriver autant à cette bonne Victoire!...

TOUTES, avec empressement.

Ce serait de grand cœur que nous le lui désirerions.

On entend le timbre de la porte.

ROSE, faisant un pas pour aller voir.

Qu'est-ce donc?...

JEANNE, s'avançant et jetant un cri.

C'est elle!... c'est mademoiselle Victoire!!...

TOUTES, se précipitant vers la porte.

C'est mademoiselle Victoire!!...

SCÈNE X

LES MÊMES, MADEMOISELLE VICTOIRE,
entrant, tout essoufflée.

MADEMOISELLE VICTOIRE, se laissant tomber sur une
chaise.

Mes enfants!... mes amis!... quelle joie! quel bonheur!

TOUTES.

Avez-vous donc retrouvé votre argent?...

MADEMOISELLE VICTOIRE.

J'ai tout retrouvé mon argent et mon voleur! (Ti-
rant un billet de sa poche.) Mon argent! mon cher argent!... Pas tout entier pourtant!... mais peu s'en
faut, je suis arrivée juste à temps.

TOUTES, joyeusement.

Elle a retrouvé son voleur et son argent!!!...

LA VIEILLE FEMME.

Eh bien! en voilà une chance!...

MADAME PIQUELET, à Victoire.

Contez-nous ça.

MADEMOISELLE VICTOIRE, s'asseyant et s'épongeant le
front.

Oui!... mais laissez-moi respirer un peu!... (Toutes l'entourent, elle s'évente avec son mouchoir.) Faut donc
vous dire qu'en quittant la maison j'ai couru chez le

commissaire. Je lui conte le vol dont je viens d'être victime et je lui dis que Oscar n'a pas pu me voler pendant la nuit, puisque j'étais dans ma chambre... Ce départ, la nuit, pour aller voir son père, était donc une frime. Il a dû attendre le moment où je partais pour me rendre aux halles, puis, certain de n'être pas dérangé, il était entré dans ma chambre, m'avait pris mon pauvre argent et il avait filé.

— Eh! vous ne savez pas où il a dû se rendre, me demanda le commissaire...

Soudain! je me souvins!...

— Chez son ami le grand Victor!... rue des Etuves, répondis-je!

Un agent qui se trouvait là me demanda :

— Vous avez dit : le grand Victor, rue des Etuves?

Je lui fis signe que oui.

— Je connais ce chenapan, mon commissaire, dit-il alors, voilà des jours que je le file sans pouvoir le prendre en flagrant délit, si vous voulez me permettre d'emmener un ou deux camarades je vous ramène, ici, le Victor et son ami Oscar.

— Allez donc, dit le commissaire...

J'attendis plus d'une heure dans le bureau du commissaire et, ce que je souffris pendant cette heure, vous ne pouvez le croire.

TOUTES.

Oh! nous le comprenons!...

MADEMOISELLE VICTOIRE, poursuivant.

Je me disais : Les trouveront-ils?... les trouveront-ils pas?... Et mon argent! mon pauvre argent!! mon cher argent!... que sera-t-il devenu?

LES QUATRE JEUNES FILLES.

Dame!... c'était bien naturel!...

2.

MADAME PIQUELET.

Tout le monde aurait eu cette crainte.

LES QUATRE CLIENTES.

Pauvre mademoiselle Victoire !...

MADEMOISELLM VICTOIRE, reprenant son récit.

Tout à coup, j'entends du bruit, dans la rue, comme une lutte.

— Les voilà, dit le commissaire...

C'étaient eux, en effet. Le grand Victor et cette canaille d'Oscar !... En le voyant, toute [ma colère me revient et je lui crie à la figure :

— Filou ! voleur !!...

— Chut ! chut ! madame, me fait le commissaire : attendez qu'on les interroge. Et d'abord, dit-il à ses agents, fouillez ces hommes...

Celui qui fouilla Oscar retira de sa poche un billet de mille francs, un de cent francs et de la monnaie.

A cette vue je poussai un cri de joie et je m'écriai :

— Mon argent !... mes douze cents francs !!

— Pas tout à fait, dit l'un des agents, l'un des billets a été écorné car ces messieurs étaient en train de manger un rôti de veau tout à l'heure.

TOUTES.

Un rôti de veau !!... quel toupet !...

MADEMOISELLE VICTOIRE.

Et une salade !...

TOUTES, indignées.

Et une salade !...

MADEMOISELLE VICTOIRE, reprenant son récit.

Ne se croyant pas soupçonnés, ils n'avaient pas même songé à cacher leur vol. Oscar avait gardé mon argent dans la poche de son petit gilet. Il me fut aussitôt rendu et ne voulant point attendre plus longtemps, je demandai la permission de me retirer.

TOUTES.

Elle vous fut accordée?

MADEMOISELLE VICTOIRE.

Bien sûr, puisque me voilà!... Et comme un bonheur n'arrive jamais seul, j'ai rencontré la mère de mon petit Joseph qui m'a dit que l'enfant allait mieux et qu'il reprendrait son service prochainement.

TOUTES, joyeusement.

A la bonne heure!!...

MADAME PIQUELET.

C'est ce qui s'appelle avoir de la chance.

MADEMOISELLE VICTOIRE, se levant à demi.

Mais, servons vite les pratiques, l'heure avance...

LA MÉNAGÈRE.

C'est vrai! donnez-moi mon bouillon, je suis pressée.

LES AUTRES CLIENTES.

Nous le sommes nous aussi pressées!...

LES QUATRE JEUNES FILLES, à mademoiselle Victoire.

Restez, mademoiselle Victoire, nous allons servir ces dames.

Elles vont vers le fourneau où les pratiques les suivent
et elles remplissent les pots de bouillon, pendant que
mademoiselle Victoire et madame Piquelet continuent
à causer sur le devant de la scène.

MADEMOISELLE VICTOIRE, montrant les jeunes filles.

Ces chères petites, sont-elles assez gentilles!... (se penchant vers madame Piquelet.) Aussi, pour les récompenser, je vais les inviter à venir, dimanche, manger une dinde rôtie!... Je fêterai, du même coup, ce jour heureux, (Un grand geste,) où tout, ici, sera à moi!! Et ce sera une belle journée!!... (En confidence à madame Piquelet.) Vous en serez, madame Piquelet.

MADAME PIQUELET, tendant la main à mademoiselle Victoire.

J'accepte et merci! (Se tournant vers le public.) Et voilà comme la vertu trouve toujours sa récompense!!...

Rideau.

FIN

Imprimerie Générale de Châtillon-sur-Seine. — A. Picuat.

9 782019 676094